Die ersten Abenteuer der kleinen Brockenhexe

Neun Geschichten

mit 48 farbigen Illustrationen

des Autors

Märchenbuch

von

Alexander Lieske

Umschlaggestaltung: Alexander Lieske
Druck: Arthur Klose, Jerstedt
Bindung: Langelüddecke, Braunschweig
Printed in Germany
ISBN: 3-9804527-1-9

Inhalt

Wie alles begann

Vor geraumer Zeit lebte tief in den Wäldern des Harzes ein kleines Mädchen. Ihre Eltern waren schon lange gestorben und so wohnte sie allein in einer kleinen Hütte.

Die einzigen Kameraden, die sie hatte und mit denen sie ihre Zeit verbrachte, waren die Tiere des Waldes. Und weil sie alle die Waldbewohner von klein auf kannte, konnte sie sich mit ihnen unterhalten und es war ihr nie langweilig. Von ihrem Vater hatte sie gelernt, wie man aus Holz Kohle machen konnte, denn er war Köhler gewesen und so mußte sie im Winter nie frieren. Von der Mutter hatte sie gelernt, wie man aus den Früchten des Waldes Marmelade kochen konnte und wie man aus Flachs Stoff herstellte, um daraus schöne Kleider zu machen. Lesen und schreiben konnte sie allerdings nicht, weil es im Wald ja keine Schule gab. Aber das machte nicht viel, wußte sie doch ganz andere Dinge über den Wald und die Natur, die ihr die Tiere erzählt hatten.

Eines Abends, im tief verschneiten Winter, als das kleine Mädchen gerade vor den Kochtöpfen stand und eine gute Steinpilzsuppe für sich und ihren Freund, den Hasen, kochte, klopfte es an der Tür.

"Wer klopft um diese Zeit?" fragte das kleine Mädchen.

"Ein armer Wandersmann, der sich verlaufen hat und der dem Duft der guten Pilzsuppe gefolgt ist!" kam von draußen die Antwort.

Das kleine Mädchen öffnete die Tür und sah einen stattlichen Mann in einem Pelzmantel im kalten Schnee stehen.

"Na, dann hereinspaziert, Herr Wandersmann!"

sagte sie, über den Besuch erfreut, und machte eine einladende Handbewegung.

Der Herr im Pelzmantel klopfte sich den Schnee von den Schultern, nahm dann den großen Hut vom Kopf und trat in die warme Küche ein.

"Das ist sehr freundlich von dir, meine Kleine! Mein Name ist Heinrich Heine." sagte der Mann.

"Ich heiße Minnie! Und das ist mein Freund, der Hase!" gab das kleine Mädchen zur Antwort und wollte dem Herrn Heine den schweren Mantel abnehmen, aber der lehnte ab und hängte ihn selber an den Hacken hinter der Tür, obendrauf setzte er den großen Hut.

"Ihr seid sicherlich ganz verfroren! Bei dem Wetter geht nicht mal der Herr Dachs mit seinem dichten Pelz vor den Bau. Setzt Euch vor den Kamin und ich bringe Euch eine Tasse heißen Hagebuttentee!"

Der Herr Heine setzte sich in den alten, knarrenden Schaukelstuhl, streckte die Hände über das Feuer und sagte:

"Was hab ich für ein Glück, daß du hier wohnst! Sonst wäre ich sicherlich erfroren! Wohnst du alleine hier? Wo sind denn deine Eltern?"

Da erzählte die kleine Minnie ihre Geschichte und der Herr Heine wurde ganz betrübt.

"Was?" fragte er, "du wohnst hier ganz alleine im tiefen Wald und kannst noch nicht lesen und nicht schreiben?"

"Aber das macht doch nichts!" sagte das kleine Mädchen, "ich habe im Wald viele Freunde und wir helfen uns gegenseitig! Man braucht gar nicht lesen und schreiben zu können!"

Da verzog der Herr Heine seine Augenbrauen und sagte:

"Papperlapapp! Das sagst du dem Richtigen! Ich bin nämlich ein Dichter! Lesen und schreiben muß ein jeder können, sonst kann man ja gar nicht verstehen, was in der Welt vor sich geht!"

"Aber ich lebe doch hier im Wald und nicht in der Welt!" sagte Minnie und gab ihm einen großen Teller Pilzsuppe, der Hase bekam auch einen.

Und der Herr Heine sagte:

"Siehst du! Da haben wir es! Dein Wald ist doch auch ein Teil der Welt. Das scheinst du ganz vergessen zu haben!" und er löffelte seine Suppe und lobte: "Die Suppe schmeckt sehr gut! Danke für die Einladung!", dann überlegte er ein wenig und nach einer Weile sprach er: "Wenn du einverstanden bist, zeige ich mich für deine Gastfreundschaft erkenntlich und bringe dir das Lesen und das Schreiben bei."

Das kleine Mädchen dachte sich, es könnte ja vielleicht nichts schaden und stimmt dem Vorschlag zu. Als alle aufgegessen hatten, schaute sich der Herr Heinrich Heine im Zimmer um, ohne das zu entdecken, was er suchte.

"Haben denn deine Eltern gar keine Bücher gehabt?" fragte er erstaunt.

"Nein! Dazu waren sie zu arm! Aber der Hase hat mal eines im Wald gefunden unter einem großen Stein, unter dem er eine Höhle graben wollte! Ich habe es mir schon ein paarmal angeschaut, aber lesen konnte ich es ja leider nicht!" und so sprang die kleine Minnie auf, holte aus der Truhe das sehr alte, schwere Buch und reichte es dem Herrn Heinrich Heine. Der holte seine Brille aus der Tasche, setzte sie auf die Nase und rief erstaunt:

"Donnerwetter!"

"Was denn?" fragte Minnie aufgeregt und auch der Hase stellte die Ohren auf.

"Das ist ein Hexenzauberbuch! Genauer gesagt, das ist das Zauberbuch der Brockenhexen!"

"Das Zauberbuch der Brockenhexen?" fragte die kleine Minnie. "Was soll das sein?"

Der Herr Heine zog wieder die Augenbrauen hoch und sagte:

"Ich sehe schon, du solltest schleunigst lesen lernen! Du lebst hier nur ein paar Meilen vom Brocken entfernt und weißt nicht, was das Zauberbuch der Brockenhexen ist! Der Brocken ist der schönste Berg in Deutschland, weil er so eine einfache Form hat. Und lange Zeit gab es auf dem Brocken die berühmten Hexen, die zaubern konnten. Mein Kollege, der ehrenwerte Herr Johann Wolfgang von Goethe, hat darüber eine wunderbare Geschichte verfaßt. Deswegen wollte ich ja auch einmal den Brocken besuchen. Aber auf dem Brocken gibt es jetzt schon lange keine Hexen mehr. Vielleicht weil sie ihr Zauberbuch verloren haben. Aber wie es aussieht, ist es hier bei dir."

"Ein Hexenbuch?" staunte die kleine Minnie, "aber darf ich denn daraus lernen? Ich bin doch gar keine Hexe!"

Da lachte der Herr Heinrich Heine aus vollem Hals und sagte: "Alles was geschrieben steht, darf man auch lernen! Und ein jegliches Wissen kann man auf zwei Arten anwenden: auf eine gute und auf eine schlechte! Und da du, wie ich festgestellt habe, ein guter Mensch bist, der anderen in der Not hilft, wird alles Wissen der Hexen dich nicht zu einem schlechten Menschen machen! Also bist du, wenn du das Buch lesen und vielleicht sogar etwas zaubern kannst, eine gute kleine Hexe!"

So wurde es dann auch gemacht! Der Herr Heinrich Heine, der in diesem kalten Winter sowieso nicht viel zu tun hatte, blieb einfach ein paar Wochen bei der kleinen Minnie und dem Hasen im Wald, um Unterricht im Lesen und Schreiben zu geben. Minnie war eine gute und fleißige Schülerin, wollte sie doch wissen, was es mit der Zauberei auf sich hatte. Und tatsächlich konnte sie, als es im Frühjahr draußen zu tauen begann, schon sehr viele Hexereien aus dem Buch auswendig aufsagen! So konnte sie sogar dem Herrn Heine einen schöne Harzer Knotenstock herbeizaubern, damit der sich an die Zeit bei ihr im Wald erinnern möge. Der Herr Heine mußte sich nämlich wieder an seine Arbeit als Dichter machen und schöne Gedichte schreiben oder über Deutschland nachdenken.

Zum Abschied sagte Herr Heine:

"Nun wollen wir doch einmal sehen, ob du auch wirklich Lesen und Schreiben gelernt hast! Hier habe ich dir einen Besen aus jungen Birkenreisern gebastelt. Denn zu jeder guten Hexe, egal ob sie groß oder klein ist, gehört ein

Besen, auf dem sie fliegen kann! Schlage also im Zauberbuch die Seite mit dem Besen auf und versuche es einmal!"

Die kleine Minnie fand im Inhaltsverzeichnis auf Anhieb das Wort 'Besenfliegen' und die richtige Seite. Dann begann sie langsam zu lesen. Als sie bemerkte, daß der Herr Heine sie gar nicht verbesserte, wurde sie immer schneller und sicherer beim Vorlesen und als sie am Ende des langen und gar nicht so einfachen Zauberspruchs angekommen war, schwebte der Besen neben ihr und wartete auf den ersten Flug! Der Herr Heinrich Heine staunte nicht schlecht! Alles andere war ein Kinderspiel. Denn, hatte man den richtigen Zauberspruch aufgesagt, brauchte man nur noch aufzusitzen und die Befehle rückwärts zu sprechen: wollte man losfliegen, mußte man nicht 'los!' sagen, sondern 'sol!' und wenn man wieder anhalten wollte, sagte man einfach 'pots!', was umgedreht 'stop' heißt! So ging das eben, und die kleine Hexe hatte viel Spaß am Fliegen.

Der Herr Heinrich Heine sagte aber:

"So, du kleine gute Hexe! Lesen kannst du

und fliegen wie der Wind! Ich werde mich auf meinen Heimweg machen und du wirst mir versprechen, keinen Unsinn zu treiben mit dem dicken Zauberbuch!"

Das kleine Mädchen schüttelte den Kopf und versprach, die Zauberei nur im Guten anzuwenden. So packte ihr netter Lehrer seine Sachen und begab sich auf den Weg nach Hause.

"Danke, Herr Heine! Und kommt uns mal besuchen!" rief sie dem Wandersmann und Dichter hinterher und der Hase winkte kräftig mit. Die kleine Minnie aber nahm alle ihre Freunde mit auf den Brocken, baute dort eine kleine Laubhütte und von nun an lebten sie gemeinsam dort oben auf dem rauhen Berg mit der wunderschönen Fernsicht. Und so wurde aus dem Mädchen Minnie die kleine Brockenhexe.

Das Hexenhaus

Eines morgens wachte die kleine Brockenhexe klitschnaß in ihrem Bettchen auf. Sie öffnete vorsichtig die Augen und schaute an die Decke der kleinen Laubhütte, die sie sich im letzten Herbst gebaut hatte.

Genau über ihr hing ein schwerer, dicker Regentropfen an einem Blatt. Es dauerte nur einen Augenblick, dann löste er sich und platschte der kleinen Brockenhexe direkt auf die Nase, daß sie niesen mußte.

Schnell sprang sie aus den nassen Federn und zog sich ihren bunten Bademantel an, damit sie sich nicht erkältete. Aber kaum hatte sie sich angezogen, mußte sie nochmals niesen, "Hatschi!".

Sie zauberte schnell ein kleines Feuer in den Ofen und setzte Wasser auf, um sich einen heißen Hagebuttentee zu kochen. Noch bevor das Wasser kochen konnte, klopfte ihr Freund, der kleiner Spatz, an die Tür. Als die kleine Brockenhexe öffnete, sah sie die triefende Nase des traurig dreinblickenden Freundes.

“Komm rein, mein lieber Spatz, du siehst ja ganz verfroren aus!” sagte sie und holte gleich einen zweiten Becher aus dem Schrank.

“Wir trinken einen schönen heißen Hagebuttentee und dann überlegen wir, was wir gegen die Kälte machen können! So geht das ja nicht weiter. Ich habe mich auch schrecklich erkältet, weil es bei mir hereingeregnet hat. Der letzte Brockensturm hat meiner kleinen Hütte ganz ordentlich zugesetzt.”

Während beide den heißen Tee schlürften, klopfte es wieder an die Tür und herein kam das Rotkehlchen und sagte:

“Hatschi! Habt ihr auch noch einen Tee für mich? Es ist so ungemütlich draußen!”

Die kleine Hexe brühte nochmals einen großen Kessel Wasser auf und, als der Tee schließlich in den Bechern dampfte, hatten sich noch der Igel, der Dachs und der Hase dazugesellt. Alle hatten eine kräftige Erkältung, denn obwohl es erst Ende Oktober war, hatte es schon gestürmt und geschneit. In der ganzen Runde hatschite es und einige hatten sogar Halsschmerzen. Da sagte die kleine Hexe:

“So hat es keinen Zweck! Wir brauchen alle eine warme Unterkunft. In meine Laubhütte regnet es hinein und ihr Vögel auf den Bäumen seid auch nicht richtig vor dem Wetter geschützt. Aber ich habe eine Idee!”

Die versammelten Tiere hörten auf zu niesen und lauschten gespannt, was die kleine Hexe zu erzählen hatte: "Also, liebe Freunde! Ich sage, wir brauchen ein Haus!"

"Ein Haus! Ein Haus? Was für ein Haus?" riefen alle aufgeregt durcheinander.

"Wir brauchen eben ein richtiges Haus, wie es die Menschen auch haben, nur viel kleiner! Aber dann sind wir alle geschützt und werden im Winter nicht frieren!" sagte die kleine Hexe.

Das Häschen aber sagte:

"Ich kann nur einfache Höhlen in die Erde graben!"

Und der Spatz sagte:

"Ich kann leider nur ein einfaches Nest bauen!"

Und die kleine Hexe sagte:

"Ich bin klein und habe auch kein Werkzeug!

Also müssen wir uns eben eins bauen lassen!"

Alle fanden den Vorschlag gut, aber der Igel meinte: "Aber wir haben doch gar kein Geld! Und die Menschen bauen große teure Häuser!"

Da hob die kleine Brockenhexe den Zeigefinger und lachte:

"Nein, nein, ich habe im Sommer drüben in Wolfshagen jemanden beobachtet, der hat ganz kleine Häuser gebaut. Und sehr schöne bunte dazu! Und wißt ihr, was er damit gemacht hat?"

Alle um den Tisch herum schüttelten die Köpfe.

"Er hat sie in seinem Garten in die Bäume gehängt, damit die Vögel im Frühjahr darin nisten können! Den Mann werden wir fragen, ob er uns nicht auch ein Haus bauen kann! Ist das nicht eine prima Idee?"

Alle nickten, nur der Igel, der immer noch an das Geld dachte, sagte:

"Aber ihr glaubt doch nicht, daß die Menschen etwas umsonst machen! Der Mann will bestimmt ganz viel Geld. Und ihr wißt alle, wir haben gar keines!"

Aber die kleine Hexe ließ nicht locker.

"Der Spatz und ich werden einfach mal nach Wolfshagen fliegen und ihn fragen! Das kostet doch noch nichts!"

So wurde es dann gemacht. Noch am gleichen Tag schwang sich die kleine Brockenhexe auf ihren Besen und flog mit dem Spatz zu diesem Mann. Schon von weit oben aus der Luft erkannten sie im Garten die bunten Vogelhäuser. Der Spatz probierte gleich eins aus und fand es zwar bequem, aber für alle zusammen viel zu klein! Außerdem, wie sollten der Igel und das Häschen so hoch in den Baum kommen?

Jedenfalls hatten die beiden Besucher Glück! Der Mann lag unter seinem Auto und reparierte etwas. Die beiden landeten neben seiner Schulter und die kleine Hexe sagte:

"Hallo Herr Vogelhausbauer! Ich bin die kleine Brockenhexe und das ist mein Freund der Spatz! Wir möchten sie höflich etwas fragen!"

Der Mann, der mit dem Kopf unter dem Auto lag, kroch unter dem Wagen hervor und wunderte sich nicht schlecht über seine beiden Besucher.

"Na, das ist ja eine Überraschung! Wo kommt ihr denn her?"

"Wir kommen direkt vom Brocken, dort wohnen wir mit unseren Freunden, aber nun haben wir ein Problem! Alle sind jetzt krank geworden und haben Schnupfen und Halsweh, weil doch dort oben der Winter schon Einzug hält. Und da wir deine schönen bunten Vogelhäuser gesehen haben, wollten wir dich fragen, ob du nicht auch eins für uns bauen kannst?"

Der Mann lehnte sich an sein altes Auto und überlegte einen Moment, bevor er antwortete.

"Nun, das ließe sich schon machen. Denn es ist nicht schön, wenn man frieren muß!"

Dann stand der Mann auf und bat seine Gäste in sein Haus. Auf einem großen Schreibtisch breitete er ein Stück Papier aus und holte einige Buntstifte aus seiner Schatulle.

"So, dann sagt mir mal, wie viele dort wohnen wollen!"

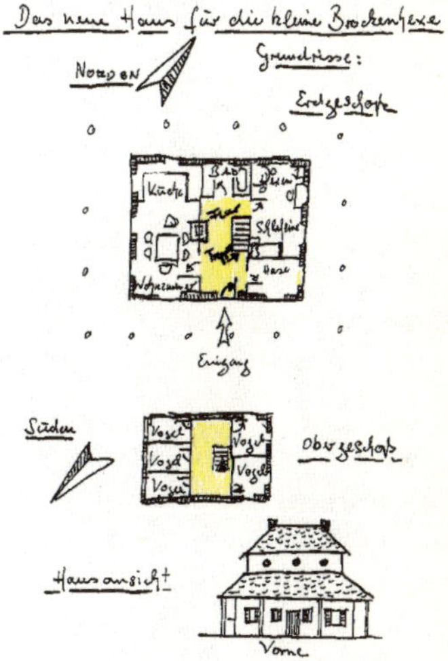

Die beiden zählten ihre Freunde und addierten noch ein paar Gästezimmer dazu und der Mann begann zu zeichnen. Nachdem alles fertig war, malte er den Plan noch mit seinen Buntstiften aus, ganz nach den Vorstellungen der beiden Brockenbewohner.

"So, fertig! Ungefähr so könnte euer Haus aussehen!"

Die kleine Hexe fand das Haus wunderschön, bekam aber auch ein wenig Angst.

"Es ist sehr schön, aber bestimmt auch sehr teuer! Und wir haben nur wenig Geld. Ehrlich gesagt, haben wir gar kein Geld!" sagte die kleine Hexe traurig.

"Na, aber du bist doch eine kleine Hexe! Und kleine Hexen können doch auch ein wenig hexen oder nicht?"

"Doch, doch, das kann ich natürlich!" rief die kleine Hexe aufgeregt. "Soll ich dir was zaubern? Es darf nur nicht so groß sein!"

"Na, da habe ich was!" sagte der freundliche Mann, "mir ist vorhin eine Schraube an meinem Auto kaputt gegangen und ich brauche sie ganz dringend! Vielleicht kannst du sie heile machen!"

Die kleine Hexe strengte sich ordentlich an, um den netten Mann nicht zu enttäuschen und 'schwuppdiwupp' hatte sie eine wunderschöne Schraube herbeigezaubert. Sie war oben sogar vergoldet, so gut hat die kleine Brockenhexe gezaubert. Der Mann war sehr beeindruckt und die kleine Hexe stolz auf sich.

"Das ist schön! Aber eigentlich sollte jeder von euren Freunden etwas für das neue Haus tun!" sagte der Mann. "Ihr wißt ja selber, daß die Menschen, die den Brocken besuchen, immer viel Abfall in den Wald werfen. Die Menschen sind eben unordentlich. Ich schlage deshalb vor, daß alle, die in dem Haus wohnen wollen, ein bißchen auf dem Brocken aufräumen und die Plastikflaschen und Getränkedosen in die dafür aufgestellten Müllbehälter bringen. Solange bis euer Haus fertig ist! Dann sind wir quitt! Ist das ein Geschäft für euch?"

Die beiden Brockenbewohner nickten eifrig und der Mann versprach, das Haus in zwei Wochen auf den Brocken zu bringen.

Gesagt, getan! Spatz und Brockenhexe flogen so schnell es ging mit der guten Nachricht auf den Brocken zurück, und noch am gleichen Tag begannen die Aufräumarbeiten im Wald.

Nach zehn Tagen kam tatsächlich der Mann auf dem Brocken und hatte ein großes Paket unter dem Arm. Das Haus war noch schöner als auf der Zeichnung und hatte richtige Türen und kleine Fenster. Jeder Bewohner hatte ein eigenes Zimmer und alle zusammen ein großes Wohnzimmer und ein komfortables Bad mit Badewanne. Und für die kleine Hexe hatte der Mann eine richtige Hexenküche eingebaut, sogar mit Kamin. Die kleine Hexe war so begeistert, daß sie vor Aufregung gleich noch eine vergoldete Schraube zauberte. Der Vogelhausbauer freute sich und sagte, er werde sie auf seinen Nachttisch legen und immer an die Freunde vom Brocken denken. Die Brockenbewohner aber räumten noch bis zum ersten Schnee den Abfall aus dem Wald, so dankbar waren sie für ihr schönes, neues Haus.

Die Eisenbahnfahrt

An einem schönen Sommertag, an dem es selbst auf dem Brocken gegen die Mittagszeit ganz ordentlich heiß geworden war, bekam die kleine Hexe Besuch. Es war der kleiner Kobold mit der großen Knubbelnase, den sie einmal auf einem Zauberkongress kennengelernt hatte. Da die kleine Hexe kein Telefon hatte, weil es solche kleinen Telefone, wie sie eines gebraucht hätte, gar nicht gab, war sie ganz überrascht, den netten Kobold, der Willi hieß, zu sehen.

"Aber ich habe dir doch geschrieben, hast du denn meinen Brief nicht bekommen?"

"Aber nein, wir haben hier oben keinen Briefträger und ich war schon lange nicht mehr in Schierke auf der Post. Wahrscheinlich wartet dort dein Brief auf mich. Wie hast du denn überhaupt unser Haus gefunden?"

"Ich habe den Hasen getroffen und der sagte 'immer geradeaus den Berg hinauf'! Und nun bin ich hier. Es ist aber ordentlich anstrengend und der Aufstieg macht durstig!"

In Nullkommanix hatte die kleine Hexe einen

Krug kaltes Zitronenmineralwasser herbeigezaubert und der Kobold trank fast alles auf einmal aus.

“Hast du auch Hunger?” fragte ihn die kleine Brockenhexe.

“Nein, aber gibt es hier in der Nähe keinen See, in dem wir schwimmen könnten? Die Sonne scheint so herrlich, da können wir doch auch ordentlich braun werden!”

“Das mit dem Schwimmen ist eine gute Idee. Aber hier oben haben wir keinen Teich, wir müssen den Brocken hinunter, da gibt es einen schönen kleinen Tümpel mit klarem Wasser!”

Da stöhnte der kleine Kobold Willi schrecklich und jammerte:

“Ach herrje, muß ich wieder ganz hinunterlaufen!”

“Ach was”, sagte die kleine Hexe, “brauchst du nicht! Du nimmst einfach meine Rollerskates! Dann sind wir gleich da!”

“Und du?”

Die kleine Brockenhexe zeigte auf ihren Besen, der neben der Eingangstür an die Wand gelehnt stand.

“Na, was denkst du, macht eine Hexe? Die fliegt natürlich!”

Es dauerte wirklich nicht lange, dann waren beide an dem kleinen Tümpel und planschten vergnügt im Wasser. Als sie genug hatten, legten sie sich in die warme Sonne und wurden richtig braun. Die kleine Hexe hatte Sonnencreme mitgenommen und so bekamen sie keinen Sonnenbrand.

Als es langsam Abend wurde, bekamen beide von der ganzen Schwimmerei einen mordsmäßigen Hunger und sie entschlossen sich, wieder nach Hause zu gehen und etwas Gutes zu kochen, denn der kleine Kobold Willi hatte ein schönes Stück Schwarzwälder Schinken mitgebracht. Die kleine Hexe hatte auch noch eingelegte Steinpilze und Maronen und dazu würden sie eine große Kartoffel kochen und dann alles mit brauner Butter verspeisen. Den beiden lief schon das Wasser im Munde zusammen, als sie so von ihrem Abendessen sprachen. Aber dann sagte Willi auf einmal:

"Ach herrje, jetzt muß ich den ganzen Brocken wieder hinauflaufen!"

Da lachte die kleine Hexe und sagte:

"Gut, daß du mich endlich einmal besuchen kommst, denn du kennst dich ja gar nicht aus im Harz! Wir haben hier doch eine Eisenbahn und die fährt sogar bis hoch auf den Brocken! Und weil ich die Schaffner alle kenne, können wir da auch umsonst mitfahren! Siehst du, du brauchst nicht zu laufen! Und außerdem ist es eine alte Dampflokomotive und ich wette, du bist noch nicht mit einer Dampflok gefahren!"

Ach, da freute sich Willi und klatschte begeistert in die Hände.

"Stimmt! Das bin ich wirklich noch nicht! Also los! Auf zur Brockenbahn!"

Nicht viel später standen die beiden mit vielen anderen Leuten auf dem Bahnhof von Schierke. Sie mußten gar nicht lange warten, dann fuhr die nächste Dampflokomotive mit zwei Passagierwagen zum Brocken ab. Die kleine Hexe und Willi standen draußen auf der Plattform des hintersten Wagens, weil man dort am allerbesten sehen konnte und der nette Schaffner es ihnen erlaubt hatte.

Die Sonne stand noch über dem Harz und je weiter die alte Dampflokomotive den massigen Brocken hinaufschnaufte, desto schöner war die Aussicht auf die anderen bewaldeten Berge und Hügel, die in der klaren Luft im Sonnenschein lagen. Die beiden saßen vergnügt am Geländer und ließen die Beine über die dahinfliegenden Schienen baumeln. Ab und zu tönte die Pfeife der Lokomotive und Willi jauchzte vor Freude.

Sie waren gerade an einem besonders steilen Stück der Bahnstrecke angekommen, als es auf einmal eine lautes Krachen vom ersten Waggon herüber gab. Gleich darauf wurde der letzte Wagen langsamer und immer langsamer.

"Was war das denn? Was ist denn passiert?" fragte Willi erschrocken, aber die kleine Hexe konnte nur mit den Schultern zucken, denn sie wußte es auch nicht und sagte:

"Ich werde am besten mal nachschauen!"

Sie nahm schnell ihren Besen und flog von der Plattform los. Sie brauchte gar nicht weit zu fliegen, da sah sie schon die Bescherung. Der letzte Waggon hatte sich von der restlichen Eisenbahn abgehängt! 'Ach tu je', dachte die kleine Brockenhexe. Jetzt war guter Rat teuer. Von oben sah sie, wie der Waggon stehen blieb und sich dann in die andere Richtung, also wieder den Berg hinunter, in Bewegung setzte. Erst langsam, dann immer schneller. Sie flog schnell zu Willi zurück und erzählte ihm aufgeregt, was passiert war. Dann suchten beide im Waggon die Notbremse. Die übrigen Passagiere waren aber alle schon so aufgeregt, daß kaum noch ein Durchkommen war, denn alle standen auf dem Gang herum und schrien laut 'Hilfe, Hilfe!'. Einer der Fahrgäste zog dann auch die Notbremse, aber weil so viele Leute mit der hübschen, alten Eisenbahn fahren wollten, war der Wagen sehr schwer beladen. Erst wurde der Waggon zwar etwas langsamer, aber nur für kurze Zeit, dann nahm die Geschwindigkeit wieder zu.

"Jetzt können uns nur noch meine Freunde helfen!" rief die kleine Hexe aufgeregt, schwang sich sogleich wieder auf ihren Besen und brauste durch ein Wagenfenster davon. Willi war jetzt mit den aufgebrachten Passagieren alleine und alle fingen schrecklich an zu zittern und zu jammern.

Die kleine Hexe aber flog so schnell es ging durch den dichten Wald und rief jedem Vogel zu, den sie sah "bitte kommt alle schnell zur Brockenbahn, ein Wagen rast ohne Bremsen den Berg hinunter! Kommt alle schnell zur Brockenbahn!"

So schnell wie ein Lauffeuer verbreitete sich die Schreckensnachricht, weil ein jeder Vogel, der wieder einen anderen traf, die Nachricht weitersagte. Als die kleine Brockenhexe wieder bei dem führerlosen Waggon angekommen war, der jetzt eine enorme Fahrt bekommen hatte, schwebten Hunderte von kleinen Fiederfreunden über den Schienen und piepsten wild:

"Was sollen wir tun, was sollen wir tun? Wie können wir bloß helfen? Wir sind doch alle viel zu klein für den großen Wagen!"

Die kleine Hexe flog eine Runde um die große Vogelschar und rief:

"Wir sind zwar alle klein, aber wenn wir zusammenhalten, sind wir stark! Ihr landet jetzt alle auf dem Wagendach und krallt euch darauf fest! Auf mein Kommando fliegt ihr alle zusammen los! Und zwar in die entgegengesetzte Richtung, die der Wagen fährt! So können wir ihn vielleicht bremsen!"

Die Vogelschar tat wie geheißen und krallte sich auf dem Dach fest. Es gab fast keinen freien Platz mehr, so viele Freunde waren gekommen. Dann gab die kleine Brockenhexe das Kommando: "Alle losfliegen!"

Und auf einmal fingen alle Vögel mit den Flügeln an zu flattern. Tatsächlich wurde der Waggon langsamer und immer langsamer. Aber so sehr sich die Vögelchen auch anstrengten, zum Anhalten bekamen sie den Eisenbahnwagen nicht. Der kleine Spatz rief:

"Wir schaffen es nicht alleine! Wir brauchen Verstärkung! Du mußt hinüber zum Torfhaus fliegen! Der Adler und der Falke müssen kommen und uns helfen!"

Und schon brauste die kleine Hexe wie der Wirbelwind über das Tal zum Torfhaus hinauf, wo die Vogelstation für die großen Raubvögel lag. Die kleine Brockenhexe hatte immer Respekt vor dem Adler gehabt, weil er so groß war, daß sie gut und gerne auf seinem Hals hätte sitzen könne, aber jetzt, in ihrer Not, vergaß sie ihre Furcht. Glücklicherweise war der Adler zuhause und die kleine Brockenhexe sprach:

"Herr Adler! Wir brauchen Eure Hilfe! Ein vollbesetzter Eisenbahnwagen rast den Brocken hinunter und wir können ihn alleine nicht stoppen! Bitte helft uns, aber Ihr dürft den kleinen Vögeln nichts tun! Sie sind so tapfer und tun ihr bestes!"

Der Adler lachte.

"Als Brockenhexe solltest du doch eigentlich wissen, daß wir hier an der Vogelstation immer gut zu essen bekommen! Wir haben schon lange keinen deiner kleinen Freunde verspeist! Natürlich helfen auch wir in der Not!"

Der König der Lüfte ließ sich also nicht lange bitten und sein Freund, der Falke, war immer

für ein spannendes Abenteuer zu haben. Der Meister Falke sprach:

"Komm, kleine Brockenhexe! Setze dich zwischen meine Flügel, ich bin der schnellste Flieger im Land und wir haben es doch recht eilig!"

Ehrlich gesagt, wollte die kleine Brockenhexe schon immer einmal mit dem schnellen Falken fliegen, denn er war der Düsenjäger unter den Vögeln im Harz. So stieg sie auf seinen schlanken Rücken und alle rasten zum Brocken zurück. Am Waggon angekommen, piepsten alle Vögel:

"Hurra! Hurra! Hurra!"

Aber der majestätische Adler sagte:

"Nun laßt uns erstmal an die Arbeit gehen, bevor wir in Jubel ausbrechen!"

Der Adler setzte sich am vorderen Ende auf das Dach, wo ihm die kleineren Vögel einen großen Platz freimachten, damit er ordentlich mit den mächtigen Schwingen schlagen könnte. Der Falke krallte sich am hinteren Ende fest. Und dann begann der Adler kräftig mit den Flügeln zu schlagen und mit ihm alle anderen auch. Und tatsächlich, nach ein paar anstrengenden Minuten, stand der schwere Eisenbahnwaggon. Einer der Passagiere sprang aus dem Wagen heraus und legte große Steine vor die Räder. Dann erst ließen die Vögel das Dach los und flogen auf die nächsten Bäume um sich auszuruhen. Alle waren schrecklich aus der

Puste, aber auch ganz begeistert, daß sie den Wagen und die Passagiere gerettet hatten.

Willi war zwar noch etwas bleich, aber froh, daß alles doch noch so gut ausgegangen war. Und die kleine Hexe überlegte nicht lange und rief:

"Alle die mitgeholfen haben, laden wir heute zu uns zum Essen ein. Ich koche heute für euch alle!"

Daraufhin jubelten die Freunde und jeder brachte noch etwas mit, damit auch genügend zu essen da war.

Das Festessen dauerte bis spät in die Nacht hinein und selbst der Adler und der Falke blieben bis Mitternacht, so gut gefiel es ihnen bei der kleinen Brockenhexe. Und der Falke versprach sogar, die kleine Hexe noch einmal zum Fliegen mitzunehmen.

Die Musikmacher

Eines Tages, so erzählt man sich, war es der kleinen Brockenhexe ganz langweilig. Sie saß auf ihrem großen Lehnstuhl und blätterte lustlos in ihrem Zauberbuch.

Nach kurzer Zeit zauberte sie eine heiße Tasse Kakao auf den Tisch. Aber als sie den Kakao ausgetrunken hatte, war ihr die Langeweile immer noch nicht vergangen. So entschloß sie sich, ihr Hexenhaus zu verlassen und ein wenig auf ihrem Besen herumzufliegen.

Vielleicht fiele ihr ja ein Streich ein, den sie ein paar Erwachsenen spielen könnte. Aber als die kleine Hexe vor die Tür trat, schaute sie auf dichten Nebel, der den ganzen Brocken eingeschlossen hatte. Heute würde kein Mensch auf den Berg kommen und der arme Brockenwirt würde kein Geschäft machen können. Und sie könnte keinen Erwachsenen ärgern. Der Gedanke machte ihre Langeweile noch langweiliger. Nicht, daß die kleine Hexe nichts zu tun gehabt hätte. Nein, nein, sie hatte heute nur keine Lust etwas Ordentliches zu tun, weil es viel zu erledigen gab, was sie nicht mit Zauberei erledigen konnte. Denn sie konnte nur das herbei- oder wegzaubern, was auch im Zauberbuch aufgeschrieben stand. So hatte der letzte Sturm, der über den Brocken fegte, eine Menge Laub und auch ein paar große Zweige auf ihren kleinen Hof geweht, so daß man gar nicht mehr laufen konnte und abzuwaschen gab es in der Hexenküche auch immer eine Menge.

Jetzt stand sie also vor dem Haus, den Besen in der Hand, und starrte in den Nebel. Eigentlich war der Nebel sogar so dicht, daß man gar nicht fliegen durfte. Trotzdem, weil sich die kleine Hexe so über ihre Langeweile ärgerte, klemmte sie sich auf den Besen und brauste in die graue Nebelbrühe. Aber es war wirklich schlecht zu gucken und so beeilte sie sich, daß sie an die Bahnlinie der Brockenbahn kam. Dort konnte sie sich dann gut orientieren und den Schienen einfach folgen und so nach Schierke gelangen. Vielleicht wäre ja dort im Ort etwas los. Aber weder in Schierke noch in Thale war irgendetwas Interessantes zu entdecken, was der kleinen, gelangweilten Hexe die Zeit vertrieben hätte. Alle Menschen waren in ihren Häuser oder in Gaststätten und langweilten sich wohl genauso, wie die kleine Brockenhexe. So flog sie einfach weiter, immer die Schienen entlang.

Sie war schon über eine gute Stunde durch die Luft gesaust, als sie auf einmal sonderbare Geräusche hörte. Sie hielt auf einem Baum an und lauschte angestrengt in die neblige Stille. Tatsächlich, sie hörte aus einem alten Gemäuer, das ein Stück weit von der Bahnlinie entfernt lag, ein Liedchen erklingen. Lustige, schwungvolle Musik. Die kleine Hexe war auf einmal ganz aufgeregt und trieb ihren Besen an, um zu dem Haus zu gelangen, aus dem die lustigen Klänge herausdrangen. Als sie angekommen war, fand sie wegen des kalten, unfreundlichen Wetters die Fenster verschlossen. Die kleine Brockenhexe drehte ein paar Runden um das Haus und entdeckte, daß die Musik aus dem Keller kam.

Sie steuerte zum Kellerfenster hin, setzte sich auf die Gitterstäbe und schaute in den bunten illuminierten Kellerraum. Fünf junge Kerle mit ganz langen Haaren und ziemlich bunten Anziehsachen spielten auf Schlaginstrumenten lustige Musik. Und Sie

schienen wirklich Spaß daran zu haben, denn sie lachten viel. Die kleine Hexe lachte auch und wippte im Takt mit. Ein Stückchen nach dem anderen wurde gespielt und die Zeit verging wie im Fluge. Es war schon fast dunkel geworden, als die Musikanten aufhörten zu spielen und zu singen. Das war gar nicht so schlimm, obwohl sich die kleine Hexe gewünscht hätte, es gäbe noch mehr Lieder zum Anhören. Aber die Melodien waren so einfach und schön, daß man sie sich leicht merken konnte. So bestieg die kleine Hexe ihren Besen und sauste gutgelaunt und singend nach Hause auf den Brocken.

Oben in ihrem kleinen Hexenhaus angekommen, machte sie sich gleich daran, endlich einmal ordentlich aufzuräumen. So viel Schwung hatte ihr die Musik gegeben. Sie überlegte sogar, warum sie vorher so schlecht gelaunt gewesen war, konnte sich aber nicht erinnern.

Bevor sie am Abend einschlief, beschloß die kleine Brockenhexe, immer wenn sie Zeit hätte, zu den Musikanten zu fliegen und ihnen zuzuhören.

Und so geschah es dann auch! In den nächsten Wochen besuchte sie immer mal wieder die lustigen Musikanten und erfreute sich an den Liedchen.

Es war schon fast Frühling geworden und ein wirklich schöner klarer Tag, als die kleine Hexe sich wieder einmal entschloß zu den Musikanten zu fliegen. In den letzten zwei Wochen hatte sie keine Zeit gefunden, aber heute nahm sie sich frei und flog wieder der Bahnstrecke nach, zu dem alleinstehenden Gemäuer mit der Musik. Doch diesmal hörte die kleine Hexe nichts. Keinen Ton. Ganz aufgeregt flog sie ein paar Mal um das Gebäude, fand aber niemanden. Alles war verriegelt und verschlossen. Die lustigen Musikanten waren weg. Die kleine Brockenhexe flog hoch auf das Dach und setzte sich neben den Kamin und überschaute die Gegend.

Vielleicht waren sie ja gerade einkaufen gegangen und kämen gleich wieder. So wartete sie über zwei Stunden, ohne daß auch nur das geringste von der Musik zu hören oder von den bunten Musikanten zu sehen war. Die kleine Hexe wurde immer trauriger und trauriger.

Wie gern hätte sie der Musik gelauscht. Zum Schluß war sie so traurig, daß ihr ein paar Tränchen aus den Augen kullerten.

Schließlich setzte sie sich auf ihren Besen und flog auf und davon. Die kleine Hexe war schon ein ganzes Stück geflogen, als sie an einem Bahnübergang ein paar Autos stehen sah, die an der Schranke warten mußten. Die Fahrer hatten die Seitenscheiben geöffnet und hielten ihre Ellbogen in die Sonne. Und da hörte sie es.

Die kleine Brockenhexe hörte die lustigen Musikanten aus den Autoradios. Fast wäre ihr kleines Herz stehen geblieben, so sehr freute sie sich, denn sie hörte alle ihre Lieblingsliedchen aus den Autoradios. Im nächsten Dorf hörte sie wieder die lustige Musik aus den Autos und aus den Häusern klingen. Und selbst oben auf dem Brockenberg klangen die Melodien aus dem Lautsprecher des Brockenwirts. So brauchte die kleine Hexe nicht mehr traurig zu sein und entschloß sich, endlich mal ein kleines Radio zu kaufen, damit sie ihre lustigen Musikanten immer hören könnte.

Der Hexen-TÜV

Eines Tages im Herbst, als die kleine Brockenhexe gerade

dabei war, Johannisbeeren und Blaubeeren für den Winter einzukochen, sah sie den kleinen Spatz angeflogen kommen. Er kam geradewegs aus Schierke vom Postamt und hatte einen Einschreibebrief für die kleine Hexe im Schnabel.

"Das scheint aber etwas ganz Wichtiges zu sein!" sagte die kleine Hexe und betrachtete den Brief und den Absender genau. Der Spatz schaute ihr neugierig zu.

"Vom 'Hexen-TÜV' steht da drauf! Was wollen die denn von mir?"

Sie nahm sich ein Messerchen, öffnete sauber das Kuvert und zog den Brief heraus. Auf sehr schönem Papier stand ganz oben 'Internationale Hexenvereinigung - Abteilung Hexen-TÜV'.

"Was ist das denn? Davon habe ich ja noch nie etwas gehört! Na, erstmal lesen, was da steht!"

"Ach bitte, lies laut vor, ich kann doch nicht lesen", piepste der Spatz, der von Haus aus sehr neugierig war.

"Also na gut! Hier steht: 'An alle Hexen! Da

in letzter Zeit bei der Internationalen Hexenvereinigung viele Beschwerden über falsche Hexerei eingegangen sind, sehen wir uns gezwungen, eine Hexen-Prüfung einzuführen, den Hexen-TÜV. Beim Hexen-TÜV müssen alle Hexen mitmachen und nur wenn die Prüfung bestanden ist, darf die Hexe weiterzaubern! Also, alle Hexen müssen sich am 9. November auf dem Brocken versammeln und eine Zauberprüfung ablegen! Große Hexen am Vormittag, kleine Hexen am Nachmittag! Mit freundlichen Grüßen - Johann Wolfgang von Goethe."

Der kleine Spatz wunderte sich.

"Was? Der alte Goethe, der berühmte Dichter, soll das geschrieben haben? Ist der nicht schon lange tot?"

Die kleine Brockenhexe schüttelte nur lächelnd den Kopf.

"Mein lieber Freund, du hast aber auch wirklich gar keine Ahnung! Natürlich ist er schon lange tot. Aber nicht für Hexen! Also, dann habe ich noch einen Monat Zeit, mich gut vorzubereiten!"

Die kleine Hexe machte sich sogleich an ihre Vorbereitungen und zauberte nun täglich fast zwei Stunden, um für die Prüfung zu üben.

Sie studierte ihre Bücher und lernte, was das Zeug hielt. Aber als der Tag immer näher rückte, wurde sie immer aufgeregter, weil sie ja

nicht genau wußte, welche Prüfungen der alte Goethe für sie auswählen würde. Der kleine Spatz, der sie beim Lernen abfragte, versuchte sie zu beruhigen.

"Was bist du so nervös? Du kannst doch alles! Und das Schwierigste kannst du auch! Und es macht dir noch am meisten Spaß: auf dem Besen fliegen!"

"Ja, das kann ich schon, aber ich kann dir keine Schweineohren zaubern!"

Das stimmte sogar, aber der Spatz war auch ganz froh darum.

"Das macht doch nichts, was soll ich auch mit Schweineohren machen?"

"Aber wenn der alte Herr Goethe nach so etwas fragen sollte, kann ich es nicht und darf nicht mehr zaubern!"

“Warte einfach mal ab! In drei Tagen wissen wir mehr.”

Die drei Tage waren schneller vergangen, als es der kleinen Brockenhexe lieb war. Die Nacht vor dem 9. November konnte sie kaum schlafen und so war sie am anderen Morgen ganz, ganz müde. Aber der kleine Spatz kochte ihr einen starken Kaffee und suchte ihr ein schönes buntes Kleidchen aus dem Kleiderschrank, während sie sich badete und mit Pfefferminzblättern einrieb, um gut zu duften. Dann verabschiedete sie sich von ihrem Freund, bestieg den Besen und brauste auf die Brockenspitze.

Noch gar nicht ganz oben angekommen, sah sie schon aus der Ferne einen Haufen erwachsener Hexen, die sich alle fein herausgeputzt hatten. Einige standen in einer Schlange vor einem großen lederbeschlagenen Schreibtisch und hinter diesem, auf einem schweren Lehnstuhl, saß der alte Goethe. Er hatte seinen Federhalter in der Hand und notierte die Namen und die Adressen der Hexen. Die kleine Hexe landete am Ende der Schlange und begrüßte die anderen großen Hexen, die zwar alle sehr schön waren, aber auch ziemlich arrogant und nur kurz zurückgrüßten. Als die kleine Brockenhexe endlich an der Reihe war, fragte der alte Dichterfürst:

"Und wen haben wir hier?", denn er konnte niemanden sehen, weil die kleine Brockenexe so klein war.

Die kleine Hexe schwang sich schnell auf ihren Besen und flog auf den Tisch.

"Die Brockenhexe!" sagte sie mit fester Stimme.

"Na, ich würde eher sagen, die kleine Brockenhexe!" gab der alte Herr Goethe schmunzelnd zurück. Er notierte ihre Angaben und teilte ihr mit, sich gegen vier Uhr am Nachmittag bereitzuhalten. Dann war schon die Nächste an der Reihe.

Um Punkt neun Uhr begann dann die Prüfung. Alle anderen Hexen konnten auf ein paar Stühlen Platz nehmen und das Examen beobachten. So hatten es die ersten Prüflinge am schwersten, weil sie alle ähnlich aufgeregt waren, wie die kleine Brockenhexe. Aber der alte Goethe wußte natürlich um die Nervosität und so stellte er zunächst einfache Aufgaben.

Die erste Hexe, die aus Südfrankreich angereist war, mußte ihm ein Kristallglas voll feinsten Rotweins herbeizaubern. Das klappte auch wunderbar. Die anderen Hexen raunten sich zu, daß sie das ebenso gekonnt hätten. Und die kleine Brockenhexe dachte bei sich, daß sie das auch geschafft hätte. Nur hätte sie nicht genau gewußt, welcher Rotwein gut ist und welcher nicht. So war sie doch froh, nicht die erste Kandidatin zu sein.

Die zweite Hexe, die aus dem fernen Kuba über den Atlantik geflogen war, mußte jetzt zum Wein eine dicke Zigarre herbeizaubern und dann noch ein goldenes Feuerzeug. Auch das ging ohne große Probleme. Aber jetzt, nachdem es sich der alte Goethe in seinem Sessel bequem gemacht hatte, wurde es schwieriger.

Die schöne Hexe aus Italien mußte ihm Sonnenschein herbeizaubern. Ein Raunen ging durch die Reihen, denn das war eine der aufwendigsten Zaubereien, die es überhaupt gab. Obwohl das eine gute Idee war, wie alle zugeben mußten, denn es fing gerade zu nieseln an.

Die Hexe aus Italien, die ein aufwendiges Kleid anhatte, bemühte sich redlich, aber es hörte lediglich auf zu nieseln und die Wolken rissen etwas auf, aber die Sonne kam nicht zum

Vorschein. Der alte Goethe machte allerdings kein Theater daraus, denn er wußte, daß diese Aufgabe gerade auf dem Brocken schwer zu lösen war. Deshalb rief er die Hexe aus Griechenland dazu und beide Hexen schafften es dann doch noch irgendwie, daß der Prüfer hinter dem Schreibtisch in der Sonne saß. Die anderen allerdings nicht.

So ging das nun noch eine ganze Weile weiter.

Für kurze Zeit stand sogar der Eifelturm auf dem Brocken. Nach der Mittagspause kamen noch vier andere große Hexen an die Reihe und die Zauberkunststücke klappten meistens.

Aber die kleine Brockenhexe war immer noch sehr nervös, weil für sie die Aufgaben fast alle zu schwierig waren. Sie hoffte nur, daß der Geheimrat Goethe wußte, daß kleine Hexen auch nur kleine Zaubereien machen können. Wie sich gleich herausstellte, wußte er das sehr wohl. Denn zunächst kam eine kleine Hexe aus den Schweizer Alpen an die Reihe.

Der Geheimrat wollte zunächst von ihr wissen,

wie spät es wäre. Das ist für Hexen gar nicht so einfach, denn sie dürfen keine Uhren tragen. Die kleine Alpenhexe aus der Nähe von Grindelwald überlegte angestrengt, sagte dann einen Zaubertext auf und kam auf 15:24. Der alte Goethe schaute auf seine Taschenuhr und nickte anerkennend. Dann kam auch schon die nächste Aufgabe. Die Schleife in des Geheimrats Zopf sollte von der Farbe Türkisgrün zu Ultramarinrot wechseln. Aber, ach herrje, sie wurde nur einfach schwarz.

Die kleine Schweizeralpenhexe wurde auf einmal ganz nervös und die Schleife wurde gelb, aber nicht ultramarinrot. Als die kleine Brockenhexe die Verzweiflung in den Augen der anderen kleinen Hexe sah, sagte sie einfach ganz leise den richtigen Zauberspruch auf und siehe da, das Zopfband wurde ultramarinrot.

Die nächste Aufgabe war auch nicht einfach: Denn die Tinte war beim vielen Schreiben ausgegangen und so sollte die kleine Schweizeralpenhexe neue beschaffen. Aber weil die kleine Hexe aufgeregt war, zauberte sie Zitronenlimonade in das Tintenfaß. Als der alte Goethe die Tinte mit dem Federhalter prüfen wollte, konnte man auf dem Papier nur gelbe Stricke sehen. Da griff die kleine Brockenhexe erneut ein und verwandelte die Zitronenlimonade auf dem Papier in richtige, blaue Tinte. Der alte Geheimrat verzog ein bißchen sein Gesicht und sagte:

"Nun, das scheint mir nicht ganz mit rechten Dingen zuzugehen, aber was soll's: wir sind ja schließlich beim Hexen-TÜV! Und Tinte ist ja schließlich Tinte! Lassen wir das noch einmal durchgehen!"

Damit war die arme, verwirrte Schweizeralpenhexe erlöst und erhielt ihr Diplom.

"Nun zu dir, kleine Brockenhexe! Da du ja hier zuhause bist, können wir dir sicherlich ein paar schwierigere Aufgaben stellen. Zaubere uns doch ein paar Locken von meinem Kollegen Schiller herbei!"

Da fiel der kleinen Brockenhexe ein großer Stein vom Herzen. Denn das war ganz einfach. Sie mochte nämlich Kuchen sehr gerne. So sagte sie einen Spruch auf und eins, zwei, drei! stand ein Tablett voll schönster Schillerlocken auf dem Schreibtisch. Aber der Geheimrat Goethe zog die Augenbrauen hoch.

"Na, da haben wir uns wohl falsch verstanden! Ich meinte eigentlich eine Haarlocke meines Dichterkollegen Friedrich Schiller! Aber egal, wenn du so auf Kuchen spezialisiert bist, wie wäre es dann mit ein paar Schweinsöhrchen? Die mag ich lieber!"

Die kleine Hexe dachte eigentlich, sie hätte ihr Sache gut gemacht und war jetzt etwas verunsichert. Und weil sie nicht so recht wußte, was sie machen sollte, zauberte sie ein kleines Sparschwein herbei.

"Nun gut, meinetwegen!" sagte Goethe. "Also prüfen wir dich mal auf einem anderen Feld! Da ich, wie du wissen solltest, gerne lese, möchte ich den 'Spiegel' vom letzten Montag haben!"

Jetzt war die kleine Hexe ganz und gar verwirrt und überlegte, wie man denn mit einem

Spiegel lesen könnte. Aber da der Geheimrat ein sehr schlauer Mann war, dachte sie sich, vielleicht liest er ja alles in Spiegelschrift. Also zauberte sie einen schönen silbernen Spiegel herbei. Aber wieder verzog der Geheimrat die Augenbrauen und sagte:

"Also gut, lassen wir es dabei bewenden!"

"Aber Herr Geheimrat Goethe, was habe ich denn falsch gemacht?"

"Nun, meine kleine Brockenhexe, du hast ja auch eigentlich gar nichts falsch gemacht und du kannst ja ganz gut zaubern! Aber du solltest dich ein wenig mehr um deine Bildung kümmern, deshalb empfehle ich dir, wenigstens die Goslarsche Zeitung zu lesen. Das wäre sicherlich ganz hilfreich! Ich habe eigentlich mit dem 'Spiegel' die Zeitschrift gemeint, die diesen Namen trägt!" sagte der alte Goethe streng. Aber mit einen Auge zwinkerte er ihr zu.

"Dennoch, du hast ein gutes Herz! Und glaube nicht, daß ich nicht bemerkt hätte, wie du der armen Schweizeralpenhexe geholfen hast!"

Dann lächelte er sie kurz an, fuhr aber gleich in strengem Tonfall fort:

"Also gut, ich erteile dir das Diplom für die nächsten fünfzig Jahre! Aber das nächste Mal bist du nicht mehr so aufgeregt! Du hast doch gar keinen Grund dafür, denn du bist doch eine gute Hexe!"

Dann reichte er ihr förmlich die Hand und gab ihr das Diplom. Die kleine Hexe, die schon das Schlimmste befürchtet hatte, freute sich so sehr, daß sie aus Übermut dem alten Goethe ein paar Schweineohren anzauberte.

"Oh!" sagte sie, "tut mir leid, das war nur, weil ich mich so freue! Aber ich zaubere sie gleich wieder weg!"

"Das hoffe ich sehr!" sagte der alte Goethe etwas überrascht über die seltsame Zauberei, "andernfalls muß ich mir das mit dem Diplom vielleicht nochmal überlegen! Oder du verwandelt sie wenigstens in Pferdeohren, dann könnte ich auch hören, was hinter meinem Rücken geredet wird!"

Aber der alte Goethe brauchte sich nicht zu sorgen, denn in Nullkommanix hatte die kleine Brockenhexe seine alten Ohren wieder an seinem Kopf gezaubert.

"Na siehst du! Es braucht nur ein wenig Selbstvertrauen, dann geht alles wie von selbst!"

Am Abend gab es dann noch ein großen Festessen, mit all den Dingen, die der alte Goethe hatte herbeizaubern lassen. Nach dem Essen las der Dichter aus seinen neusten Werken vor und jedermann staunte, wie man so zauberhaft mit den Worten umgehen konnte. Besser als jede Hexe.

Mit der kleinen Schweizeralpenhexe verstand sich die kleine Brockenhexe sehr gut und zum ersten Mal in ihrem Leben hatten beide von dem guten Wein einen Schwips. Bevor die kleine Brockenhexe dann ihren Freund, den Spatz, von der erfolgreichen Prüfung informierte, drehte sie noch einige Runden um den Brocken, die zwar wegen des Weines nicht mehr so elegant aussahen, aber ihr viel Spaß bereiteten.

Die kleine Wildkatze

Es dauerte gar nicht mehr lange, dann fielen die ersten dicken Schneeflocken vom Himmel. Es schneite ununterbrochen drei Tage und drei Nächte lang und der ganze Harz versank unter einer weißen Decke, die dort, wo Städte und Dörfer lagen, ein paar rote und schwarze Flecken hatte. Keiner, der nicht unbedingt mußte, wollte vor die Tür gehen, weil ein kräftiger kalter Wind von Osten wehte. Man ging nur zum Schneeschippen nach draußen.

Die kleine Hexe saß mit ihren Freunden am den Kamin in ihrem Haus und war froh, im Herbst genügend Holz gesammelt zu haben.

Außerdem waren die Erdhöhlen, die der Hase unter das Hexenhaus gegraben hatte, randvoll mit Vorräten. Rüben, Kartoffeln, Mehl, Zucker und Salz. Und wenn man noch etwas anderes dringend zum Kochen brauchte, dann zauberte es die kleine Brockenhexe herbei. Man litt also keinen Mangel und freute sich auf Weihnachten. Ein jeder bastelte in seinem Zimmer an einem Geschenk für die anderen, denn es sollte ein schönes Weihnachten werden hier im neuen Haus.

Der Nikolaustag war längst vorbei und die kleine Hexe wollte gerade für die Plätzchen, die sie im Ofen backen wollte, etwas Safran herbeizaubern, als sie von draußen ein mächtiges Flügelschlagen hörte. Sie legte den Zauberstab beiseite, schaute aus dem Fenster und sah vor dem Haus den Falken vom Torfhaus landen.

"Warum der wohl bei dem schlechten Wetter zu uns herüberkommt?" fragte sie sich und öffnete die Tür.

"Meister Falke, was treibt Euch bei diesem schrecklichen Wetter hier zum Brocken?", aber da sah sie, daß er ein schwarzgraues Bündel in den Klauen hielt.

"Der Herr Adler meinte, ich solle dir die kleine Wildkatze zeigen. Du kannst sie vielleicht wieder in Ordnung bringen! Wir am Torfhaus sind nur große Raubvögel und verstehen uns nicht auf solche Dinge!"

Als der Falke sie vorsichtig in den weichen

Schnee gelegt hatte, erkannte man tatsächlich eine ganz junge Wildkatze. Die kleine Brockenhexe schaute den Falken fragend an.

"Ein Unfall!" sagte er. "Oben auf der breiten Straße zum Torfhaus hinauf. Ein Auto ist ins Schleudern geraten und von der Fahrbahn abgekommen. Es hat die Mutter überfahren. Aber das Kätzchen lebt noch!"

"Hat es sich denn schwer verletzt?" fragte die kleine Brockenhexe besorgt.

"Ich vermute, es hat nur einen Schock!"

Die kleine Hexe überlegte und sagte dann:

"Wir pflegen das Kätzchen sicherlich wieder gesund! Und außerdem könnte ich gut eine Katze gebrauchen! Jede ordentliche Hexe hat eine Katze auf ihrer Schulter sitzen. Sowas flößt Respekt ein!"

Der Falke schüttelte bedenklich mit dem Kopf.

"Meinst du nicht, daß eine Wildkatze dafür zu groß ist? Versuche es doch erst einmal mit einer Maus!"

Da lachte die kleine Brockenhexe und winkte mit der Hand ab.

"Mäuse? Das steht nicht im Hexenbuch! Aber jetzt kümmern wir uns um die kleine Katze. Sie ist sicherlich schon ganz kalt geworden auf dem Schnee!"

Die kleine Brockenhexe faßte der kleinen Katze um den Bauch und trug sie ins warme Hexenhaus. Der Falke bekam vom Häschen noch einen heißen Glühwein und flog dann zurück zum Torfhaus.

Das kleine halb verfrorene Wildkätzchen aber wurde auf eine Decke vor den Kamin gelegt. Dann horchte die kleine Brockenhexe, ob die kleine Katze noch ordentlich atmete und als sie dies feststellte, kochte sie einen großen Becher Knoblauchpetersilientee, gab noch einen Eßlöffel Honig dazu und trichterte es dem Kätzchen ein. Das begann sich sofort ordentlich zu schütteln und die Augen aufzuschlagen, so stark und gesund war der Tee. Die kleine Brockenhexe fragte den kranken Gast, ob ihm denn irgendetwas weh tue. Aber die kleine Wildkatze schüttelte nur den Kopf, fing bitterlich an zu weinen und sagte:

"Meine Mama ist nicht mehr da!"

Da wurde auch die kleine Brockenhexe ganz betrübt. Sie setzte sich neben das Wildkätzchen auf die Decke und nahm es in den Arm.

"Ja, das ist wirklich sehr schrecklich! Aber so

etwas passiert nun mal im Leben! Meine Eltern sind auch gestorben, als ich noch klein war. Dennoch lebe ich nun ganz zufrieden mit meinen Freunden!"

Die kleine Katze schluchzte:

"Aber ich habe doch gar keine Freunde!"

"Was redest du denn da? Wer hat dich hierher gebracht? Der Herr Adler hat dich mit seinen scharfen Augen im Straßengraben gesehen und der Meister Falke hat dich hierher geflogen, sonst wärst du erfroren! Und ich habe dir einen gesunden Tee gekocht und dich vor das warme Feuer gelegt. Und das Häschen hat die Decke geholt, auf der du gerade liegst! Das sind doch schon vier Freunde! Und in ein paar Tagen ist sowieso Weihnachten, da wirst du noch viel mehr kennenlernen!"

Das Kätzchen beruhigte sich bei diesen Worten ein wenig und schlief schnell ein, denn der Tee war auch gut zum Einschlafen.

Als es dann endlich Weihnachten wurde, waren die köstlichen Plätzchen und alle Geschenke fertig. Der Christbaum war aufs wunderschönste geschmückt mit roten Äpfeln, Mandarinen, blinkendem Lametta, duftenden Lebkuchen und Kerzen. Alle Hexenhausbewohner warteten gespannt auf die Bescherung.

Aber solange die kleine Brockenhexe noch nicht alle Kerzen angezündet hatte, durfte überhaupt niemand in das Wohnzimmer. Alle, auch das kleine Wildkätzchen, warteten gespannt im Flur. Dann klingelte hell das silberne Glöckchen und die kleine Brockenhexe rief: "Das Christkind war da!".

Der Spatz öffnete die Tür und alle sahen den leuchtenden Weihnachtsbaum. Andächtig traten alle in die Wohnstube und begannen 'Oh Tannebaum, Oh Tannebaum!" zu singen. Nur die kleine Wildkatze konnte nicht mitsingen, weil sie den Text noch nicht kannte.

Danach setzten sich alle Freunde um den großen Tisch und lauschten der Weihnachtsgeschichte, die sich die kleine Hexe für dieses Jahr ausgedacht hatte. Das Häschen holte den Erdbeer-Punsch vom Ofen, von dem jeder ein großen Kristallglas voll eingeschenkt bekam, und die kleine Brockenhexe stellte ihre berühmten Plätzchen auf den Tisch.

Als erstes holte der Hase sein Geschenk hervor.

"Diese Jahr habe ich ein Geschenk für die kleine Wildkatze. Weil sie ja gar nichts hat, habe ich ihr einen Schal gestrickt, damit sie draußen nicht mehr frieren muß!"

Der Schal wurde von allen bewundert und das Kätzchen war ganz überrascht, etwas geschenkt zu bekommen. Dann war das Rotkehlchen an der Reihe. Und - was soll man sagen - es war wieder ein Geschenk für das kleine Kätzchen. Eine eigene Tasse. Alle fanden das eine gute Idee. Und so ging es Schlag auf Schlag, alle Hausbewohner hatten sich Gedanken gemacht, was die kleine Katze gebrauchen könnte und kein andererer erhielt ein Geschenk außer ihr. Aber keiner war traurig, kein Geschenk zu bekommen, denn sie wußten ja, wie unglücklich das Wildkätzchen war. Es schämte sich ein wenig hinter dem großen Berg von Geschenken und sagte:

"Ich habe leider gar nichts für euch, aber ich will immer euer Freund sein!"

Alle um den Tisch herum lachten und klatschten in die Hände und die kleine Brockenhexe sagte:

"Siehst du, du brauchst nicht mehr traurig sein, denn von heute an sind wir deine Familie!"

Da miaute die kleine Wildkatze ganz laut vor Freude und aus ihren Augen kullerten Tränen. Aber es waren Freudentränen. Als die anderen das sahen, heulten alle ganz kräftig mit, solange, bis einer zu lachen anfing. Und auf einmal lachten alle nur noch. Die Weihnachtsfeier aber dauerte bis in den frühen Morgen hinein.

Und so bekam die kleine Brockenhexe, wie jede ordentliche Hexe, eine Katze. Allerdings konnte die kleine Wildkatze nicht wie bei Hexen üblich auf der Schulter sitzen. Dazu war die kleine Brockenhexe zu klein und die kleine Wildkatze zu groß. Aber andersherum ging es ganz gut.

Und im Frühjahr ritt die kleine Brockenhexe auf der Wildkatze durch den Wald und beide hatten großen Spaß. Immer nur fliegen war nämlich auch langweilig. Und außerdem, wo steht eigentlich geschrieben, daß Katzen immer auf Hexen sitzen müssen, es kann ja auch mal umgedreht sein.

Neujahrsspringen im März

Wie jedes Jahr am Morgen des Neujahrstages zog sich die kleine Brockenhexe ihren warmen, weichen Daunenanorak an und flog hinüber zum Wurmberg. Dort gab es nämlich eine große Skisprungschanze, auf der immer am ersten Tag des Jahres ein großes Skispringen veranstaltet wurde. Der kleinen Brockenhexe gefiel diese Sportart, weil die Menschen versuchten, mit Skiern zu fliegen. Außerdem war immer ordentlich was los. Überall roch es nach leckeren Bratwürsten und heißem Glühwein und die Leute waren alle gut gelaunt. Jedesmal, wenn ein Springer einen guten Sprung gezeigt hatte, jubelten die Zuschauer laut, fuchtelten mit den Armen in der Luft und schrieen 'Hurra!".

So war es auch dieses Jahr. Die kleine Brockenhexe flog auf eine große Tanne, von der aus sie alles gut beobachten konnte und freute sich an dem Spektakel.

Sie war nur traurig, daß sie nicht selber einmal die Schanze auf Skiern heruntergleiten und einen Sprung machen konnte. Es mußte wunderbar sein, ohne den Besen fliegen zu können. Aber dazu war sie viel zu klein. Das zweite, was sie sehr bedauerte, war, daß sie keine Bratwurst essen konnte.

Sie war zwar eine Hexe, aber in ihrem dicken Zauberbuch stand weder verzeichnet, wie man

Geld herbeihexte, noch wie man sich eine Bratwurst herzaubern konnte. Beides schien es damals, als das Buch geschrieben wurde, noch nicht gegeben zu haben. Aber das machte eigentlich nicht viel, denn sie hatte sich ein paar belegte Brote mitgebracht und das Springen war so schön wie jedes Jahr.

Auf dem Rückweg zum Brocken traf sie den Segelmeister Habicht, der, wie er ihr erzählte, auch das Wurmbergspringen beobachtet hatte. Der große Vogel war ähnlich begeistert vom Fliegen ohne Flügel und er sagte:

"Sag mal, kleine Brockenhexe, was hältst du davon, wenn wir beide ein Wurmbergspringen für uns Tiere organisieren?"

"Du meinst Tiere und kleine Hexen!"

Berichtigte sie ihren Freund.

"Natürlich auch für kleine Hexen! Eben für alle, die fliegen können, aber mal anders fliegen wollen als normal!"

"Ja, das ist eine hervorragende Idee! Dann kann auch keiner von uns verunglücken, denn ich denke, es ist ziemlich gefährlich, da herunterzuspringen!"

Der kluge Greifvogel pflichtete ihr bei:

"Ja, genau das machen wir! Wenn die Menschen nicht mehr an ihren Wintersport denken und die Skier schon weggepackt haben, veranstalten wir unser eigenes Neujahrsspringen!"

"Genau, am ersten Montag im März auf der Wurmbergschanze! Ich werde allen Bescheid sagen!" schrie die kleine Brockenhexe im Flug dem Habicht hinüber. "Und wir werden unsere eigenen Bratwürste machen und einen Stand mit Glühwein aufstellen!"

"Aber wir brauchen auch einen ersten Preis!" gab der Meister Habicht zu bedenken.

Die kleine Brockenhexe hatte immer noch den Duft der köstlichen Bratwürste in der Nase und sagte spontan: "Eine Bratwurst!"

Der Habicht, der anscheinend schon einmal eine gegessen hatte, machte ein eher skeptisches Gesicht.

"Eine Bratwurst ist zuwenig! Wir brauchen noch etwas anderes! Wir Greifvögel vom Torfhaus bekommen öfter mal eine Bratwurst von den Harz-Touristen! Wir sollten noch eine schöne Urkunde machen, sowas wie:

'Der Harzmeister im Wurmbergspringen vom März'oder so!"

Die kleine Brockenhexe war gleich damit einverstanden und versprach eine Urkunde herbeizuzaubern. Der Habicht fand aber noch ein Haar in der Suppe:

"Aber wir haben keine Skier!"

Die kleine Brockenhexe aber sagte:

"Kein Problem! Ich kenne jemanden, der kann uns welche bauen! Der Vogelhausbauer, der unser Hexenhaus gebastelt hat!"

So wurde es dann auch gemacht. Der Vogelhausbauer bastelte viele verschiedene Größen von Skiern, der Habicht informierte die großen Raubvögel am Torfhaus, die sofort alle ihre Teilnahme zusicherten, weil jeder die Urkunde gewinnen wollte. Und die kleine Brockenhexe malte ein langes Transparent, auf dem stand:

"Bratwurst zu gewinnen! Das große Tier- und Hexenspringen auf der Wurmbergschanze!".

Damit flog sie jeden Tag einmal über den Harz, damit auch alle Tiere informiert waren.

Am Morgen des ersten Montags im März waren mehr als dreißig Vögel und eine kleine Hexe auf der Wurmbergschanze versammelt. Jeder hatte entsprechend seiner Größe ein Paar Skier bekommen, der Adler, die größten und der Zaunkönig die kleinsten.

Unten am Auslauf der Sprungschanze schenkte

die kleine Wildkatze an einem Stand Glühwein aus, an einem anderen verkaufte der Hase die Bratwürste, die der Vogelhausbauer besorgt hatte. Es waren besonders kleine Bartwürste, damit die Tiere sie auch in den Tatzen oder Krallen halten konnten. Aber in der Mitte des Holzhohlegrills lag eine riesige Thüringer-Bratwurst und wartete auf den Gewinner des großen Skisprungschanzen-Wettbewerbs.

Alle anderen Tiere, die nicht an der großen Meisterschaft teilnehmen konnten, oder als Schiedsrichter eingeteilt waren, standen um den Auslauf herum und tranken Glühwein, denn es lag immer noch viel Schnee im Harz und es war ziemlich kalt auf dem Wurmberg.

Jeder der Teilnehmer hatte ein Los gezogen und so war die Reihenfolge festgelegt. Als erster Springer kam der Dachs. Obwohl er kein Vogel und keine Hexe war, konnte er nicht

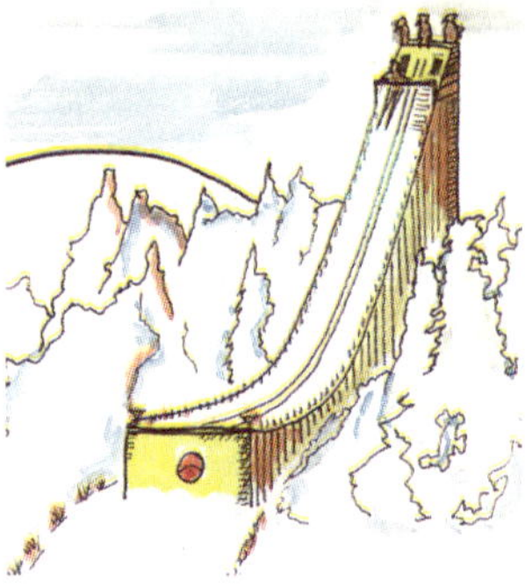

davon abgebracht werden, an dem Wettbewerb teilzunehmen. Deshalb hatte die kleine Brockenhexe einen Fallschirm für ihn geschneidert, falls etwas unerwartetes passieren sollte. Aber nun brauste der Dachs die Schanze hinunter und sprang sehr weit.

Bald so, als ob er in seinem Leben nichts anderes getan hätte. Alle Tiere waren ganz aus dem Häuschen.

Dann kam der Grünfink an die Reihe. Aber er hatte seine Skier nicht ordentlich gewachst und war so am Ende der Schanze viel zu langsam, um die Weite zu erreichen, die der Dachs vorgelegt hatte. Trotzdem applaudierten die Tiere, weil der kleine Fink so tapfer war. Danach kamen die Blaumeise, der Kreuzschnabel, die Amsel, der Specht und das Rotkehlchen. Aber keiner erreichte die Weite, die der Dachs im ersten Sprung vorgelegt hatte. Selbst der Adler, der Falke und der Habicht, obwohl sie alle gut und weit flogen, landeten vor der Markierung, die den Sieg bedeutet hätte. Die nächsten zwölf Vögel schaffen es auch nicht. Dann kam die kleine Brockenhexe an die Reihe. Sie duckte sich, so weit sie konnte auf die Skier, damit der Luftwiderstand so niedrig und so gering wie möglich war, und raste auf den Absprung zu.

Dann streckte sie sich und flog auf ihren Skiern weit. Ganz weit!

Alle Tiere jubelten, als sie die kleine Hexe durch die Luft fliegen sahen. Und tatsächlich, sie landete noch hinter der Markierung, die die Sprungweite des Dachses anzeigte. Die kleine Brockenhexe riß die Arme in die Höhe und schrie "Jawohl, jawohl!". Das Wildkätzchen kam schnell mit einem Glas Glühwein und gratulierte ihrer Freundin.

"Du hast sicherlich gewonnen!"

Die kleine Hexe freute sich zwar über den weiten Sprung, sagte aber:

"Nicht schlecht! Aber der Zaunkönig muß noch springen!"

Alle Zuschauer starrten gebannt auf den kleinen Vogel, der oben auf der riesigen Sprungschanze stand. Dann raste er die Sprungspur hinunter, und "jupp!" war er in der Luft. Und flog und flog und flog und flog und landete weit hinter dem Auslauf direkt neben dem Glühweinstand. Alle waren begeistert. Der kleine Zaunkönig hatte alle um Längen geschlagen und den Wettbewerb gewonnen! Als erster gratulierte der Dachs, dann der Adler und der Habicht. Die kleine Brockenhexe war zwar traurig, daß sie die duftende Bratwurst nicht gewonnen hatte, war aber eine gute Verliererin und beglückwünschte den Gewinner.

"Das war ein sehr guter Sprung! Ich werde ein bißchen üben müssen, wenn ich dich das nächste Jahr schlagen will!"

Aber der Zaunkönig antwortete:

"Ach, weißt du was, kleine Brockenhexe! Ich will die Bratwurst gar nicht! Ich möchte gerne die schöne Urkunde haben! Die Bratwurst bekommst du! Du bist ja schließlich Zweiter!"

Da freute sich die kleine Brockenhexe und teilte sich die Bratwurst mit dem Dachs! So waren alle zufrieden und die kleine Brockenhexe konnte endlich ihrer erste Thüringer Bratwurst probieren. Sie schmeckte köstlich.

Die Walpurgisnacht

Als die kleine Brockenhexe an einem sonnigen Tag, es war schon fast Mai geworden, ihre Post aus Schierke abholen wollte, entdeckte sie im Vorbeifliegen ein großes buntes Plakat. Das war an sich noch nichts besonderes, denn es gab viele Plakate für alle möglichen Ausstellungen, Konzerte und Einkaufsmessen, die in dieser Gegend veranstaltet wurden. Aber dieses Plakat an der alten Wand hatte etwas ganz Außergewöhnliches aufzuweisen: Eine fliegende Hexe!

Die kleine Brockenhexe war zunächst ganz verwirrt, denn sie dachte, jemand hätte sie photographiert und das Bild auf das Plakat gedruckt, aber als sie näher herangeflogen war, erkannte sie, daß es sich um eine Zeichnung handelte, denn die Hexe auf dem Bild hatte eine lange Nase! Die kleine Hexe landete, stieg vom ihrem Besen und las, was da stand: 'Große Walpurgisnacht auf dem Brocken! 30. April ab 22 Uhr! Alle sind herzlich eingeladen!'.

Gerade als sie das gelesen hatte, bog ein junger Bursche auf einem klapprigen Fahrrad um die Häuserecke. Die kleine Brockenhexe hielt ihn an und fragte:

"Sag mal! Was ist das denn?" und dabei zeigte die kleine Brockenhexe auf das Plakat.

"Du meinst die Walpurgisnacht?"

Der Junge wunderte sich zwar etwas über die Frage, weil doch die Walpurgisnacht jetzt jedes Jahr am 30. April veranstaltet wurde, antwortete aber freundlich:

"Na, weißt du denn nicht, daß alle Hexen zur Walpurgisnacht zum Brocken hochfliegen und dort ein großes Fest gefeiert wird?"

Die kleine Hexe wunderte sich sehr, denn sie hatte noch nie davon gehört. Auch nicht, daß alle Hexen sich zu diesem Datum am Brocken trafen und deshalb sagte sie:

"Ehrlich gesagt, nein! Ich wußte gar nicht, daß es hier noch andere Hexen gibt!"

Der Junge lachte und schüttelte den Kopf.

"Aber natürlich gibt es keine Hexen mehr! Die Kurverwaltung macht das doch nur für die

Touristen, die von überall herkommen! Alle verkleiden sich als Hexen und tanzen um ein großen Feuer oben auf dem Brocken oder auch auf dem Hexentanzplatz bei Thale!"

Die kleine Brockenhexe sagte nur: "Aha!"

Der Junge schwang sich wieder auf sein Fahrrad und sauste davon.

Die kleine Hexe holte ihre Post ab, dachte aber nur noch an das große Brockenfest, das in ein paar Tagen stattfinden würde. Zuhause angekommen, erzählte sie dem Hasen und dem Spatzen von dem Plakat:

"Und mitten auf dem Plakat war eine Hexe auf einem Besen mit einer langen Nase!"

Der Hase meinte:

"Wenn du da hingehen willst, mußt du dir auch eine lange Nase ankleben! Ganz einfach!"

Und der Spatz sagte:

"Ja, stimmt! Letztes Jahr, als ich zufälligerweise dort vorbeigeflogen bin, habe ich gesehen, daß alle Menschen scheußlich lange Nasen aufgesetzt hatten! Wir werden dir eine basteln, wenn du da mitmachen willst!"

"Was, ich soll da mitmachen?" fragte die kleine Brockenhexe.

Da lachten der Hase und der Spatz.

"Ja, wenn du wie eine richtige Hexe ausssiehst!"

"Aber ich bin doch eine richtige Hexe!" sagte die kleine Brockenhexe ganz entrüstet, "Warum soll ich mich denn verkleiden?"

"Die Menschen sind so dumm und denken Hexen haben lange Nasen! Deshalb! Außerdem glauben die sowieso nicht an Hexen!" gab der Spatz zurück.

Als endlich die Walpurgisnacht angebrochen war, stand die kleine Brockenhexe mit ihrem bunten Kleidchen und mit einer fürchterlich langen, geschnitzten Holznase vor ihrem Häuschen.

Der Hase und der Spatz klatschen in den Hände und riefen:

"Toll! Du siehst schrecklich aus mit der langen Nase! Damit fällst du unter den Touristen gar nicht auf!"

"Na, wollen wir mal sehen!" sagte die kleine Brockenhexe und war auch schon mit ihrem Besen in der Luft. Sie brauchte gar nicht lange zu fliegen, da sah sie oben auf der Brockenspitze schon das große Walpurgisfeuer und, als sie näher herangeflogen war, viele Hunderte von Menschen. Tatsächlich hatten fast alle bunte Flickenkleider an, einen alten Besen in der Hand und - eine häßliche lange oder krumme Pappnase! Der Hase hatte recht gehabt. Die kleine Brockenhexe war glücklich, mit ihrer langen Holznase ganz richtig verkleidet zu sein. Aber es war natürlich außer ihr keine einzige richtige Hexe auf der Walpurgisfeier. Die Touristen und Einheimischen tanzen zu einer Musikkapelle und tranken Glühwein oder Grog, denn es war hier oben, trotz des großen Feuers, ziemlich kalt in der Nacht. Die kleine Hexe die ja kein Geld hatte, um sich einen Grog zu kaufen, beschloß, ein paar Runden über das Feuer zu drehen, damit sie auch warm wurde. Es dauerte gar nicht lange, da hatten alle falschen Hexen bemerkt, daß da jemand auf einem Besen über das Walpurgisfeuer flog! Von überall her kamen Rufe wie "Guckt mal da! Da fliegt ja jemand auf einem Besen!"

Alle Menschen waren ganz aus dem Häuschen und die Blaskapelle spielte extra einen Tusch.

Als die kleine Brockenhexe sich genug aufgewärmt hatte, bemerkte sie den Trubel unter ihr. Und als sie gelandet war, standen alle um sie herum und begrüßten sie freundlich. Jeder wollte die kleine Brockenhexe kennenlernen und sie mußte ganz viele Hände schütteln.

Natürlich ahnte keiner, daß sie die einzig echte Brockenhexe war, die da durch das Feuer geflogen war. Und als sich nun die kleine Hexe von der vielen Fliegerei ausruhen wollte, kam ein Ehepaar aus Holland auf sie zu und sagte: "Wir kommen aus Amsterdam und es hat uns gut gefallen, wie du das gemacht hast! Sind deine Eltern auch hier?"

Die kleine Brockenhexe schüttelte den Kopf und sagte ganz wahrheitsgemäß:

"Nein, die schlafen schon!"

"Na, dann laden wir dich zu einer Bratwurst und einer Limonade ein! Was hältst du davon?"

"Oh, das ist fein! Meine Lieblingsspeise!"

Der Mann holte für alle Bratwürste und sie setzten sich auf eine der vielen Bänke, die für die Besucher aufgestellt waren. Die drei unterhielten sich noch lange und bevor das Ehepaar in ihre Pension zurückkehrte, gaben sie der kleinen Brockenhexe noch ihre Adresse in Amsterdam, damit sie einmal zu Besuch kommen könnte. Die kleine Hexe freute sich sehr und bedankte sich für die nette Einladung. Dann flog sie noch einmal zu Ehren ihrer neuen Freunde aus Amsterdam eine große Runde über das Feuer, und sie winkten sich zum Abschied zu.

Die neue Heizung

Eines schönen Tages, als die kleine Brockenhexe wieder einmal auf ihrem Besen eine Runde über das Hochmoor am Brocken drehte, bemerkte sie am Waldrand ein Gruppe grün gekleideter Männer. Und weil die kleine Hexe von Natur aus sehr neugierig war, machte sie einen Sturzflug und landete auf einer hohen Tanne hinter den Menschen.

Von dort konnte sie gut zuhören, was geredet wurde und warum die Männer da so herumstanden. Die grünen Leute waren die Förster aus dem Harz, wie sich bald herausstellte, und alle machten ein bedenkliches Gesicht. Der Eine sagte:

"Ja, es ist schon sehr betrüblich, daß so viele Bäume krank sind! Aber diese vielen Autos, die Heizungen und all die anderen Abgase aus den Fabriken machen unseren schönen Wald kaputt. Die Menschen wissen leider nicht, daß es so ist, weil sich keiner den Schaden vor Ort anschaut!"

Ein anderer nickte mit dem Kopf und sagte:

"Ja, das ist leider wahr! Viele Leute sind zu faul durch den Wald zu gehen und die Bäume aufmerksam zu betrachten, alle fahren nur zur nächsten Gaststätte, machen einen kurzen Spaziergang und essen dann Kuchen!"

"Ja," sprach ein dritter Förster, "die Menschen aus der Stadt suchen nur die Erholung und ihr Vergnügen, ohne richtig auf die Natur um sie herum zu achten! Aber wir werden es wohl nicht ändern können."

Dann stapften die Männer noch ein wenig durch den Wald und zeigten auf die kranken Bäume. Die kleine Brockenhexe hatte sich bisher eigentlich auch keine großen Gedanken gemacht, wie es dem Wald so geht. Aber als sie bei den Förstern gesehen hatte, woran man kranke Fichten und Tannen erkennen konnte, flog sie über die Wälder und sah, daß durch die Abgase schon ein ziemlich großer Schaden entstanden war. Und weil sie ja auf dem Besen fliegen konnte, hatte sie bald den ganzen Harz abgeflogen und wußte genau, wie es um den Wald stand.

Als sie wieder zuhause am Küchentisch saß, vor einer großen Tasse Kakao, kam der Hase durch die Tür.

"Wußtest du eigentlich, daß es dem Bäumen schlecht geht?" fragte die kleine Brockenhexe den Hasen. Der schaute sie mit großen Augen an und sagte:

"Ich sehe nichts, wenn ich so durch den Wald hoppele!"
"Man kann es auch viel besser sehen, wenn man über die Baumspitzen fliegt, denn dort fängt die Krankheit zuerst an!"
"Ja, aber ich kann nicht fliegen! Wie soll ich das dann bemerken?"
Da hatte die kleine Brockenhexe eine Idee:
"Komm! Wir beide steigen auf den Besen und drehen eine Runde über den Wald, dann wirst du schon sehen, was ich meine!"

Gesagt getan, beide bestiegen den Besen, der Hase klammerte sich an die kleine Brockenhexe und sie flogen los. Der Besen war jetzt zwar etwas langsamer als gewöhnlich, weil er zwei Personen zu befördern hatte, aber der Hase erkannte nun auch den Schaden, den die Abgase an vielen Bäumen verursacht hatten. Wieder am Boden fragte der kleine Hase:

"Was können wir denn dagegen tun?"

Die kleine Brockenhexe überlegte eine ganze Weile, dann sagte sie:

"Die Förster haben gesagt, daß die Heizungen schlechte Luft in den Himmel pusten und diese schlechte Luft schadet den Bäumen! Also werden wir unsere Heizung modernisieren!"

"Modernisieren? Wie geht das denn?" fragte der Hase.

"Das weiß ich auch nicht! Aber ich werde mal zu dem Mann fliegen, der uns unser Haus gebaut hat, der muß sich doch damit auskennen!"

Am nächsten Tag flog die kleine Brockenhexe nach Wolfshagen zu dem Vogelhausbauer und fragte ihn nach Modernisierung der Heizung. Der Mann zeigte sich etwas überrascht und sagte dann:

"Euer Haus ist ziemlich klein und die Schadstoffe die euer Kamin verursacht, sind infolgedessen auch nicht so besonders hoch. Aber du hast recht, jeder sollte mit gutem Beispiel vorangehen, auch wenn es noch so klein ist. Wir werden euer Haus elektrisch beheizen und den Strom, den wir dazu brauchen, machen wir uns selbst! Und zwar aus dem Wind! Dann habt ihr sogar noch nebenbei elektrisches Licht!"

Die kleine Brockenhexe machte ein verdutztes Gesicht und der Vogelhausbauer erklärte es ihr:

"Das geht eigentlich ganz einfach! Ich baue

für euch ein Windrad mit einen Dynamo daran, wie man ihn an ein Fahrrad baut, damit man Licht hat, wenn es dunkel ist. Der Dynamo fabriziert Strom und den Strom benutzen wir dann zum Heizen. Auf dem Brocken weht ja meistens ein ordentlicher Wind! So habt ihr immer Strom."

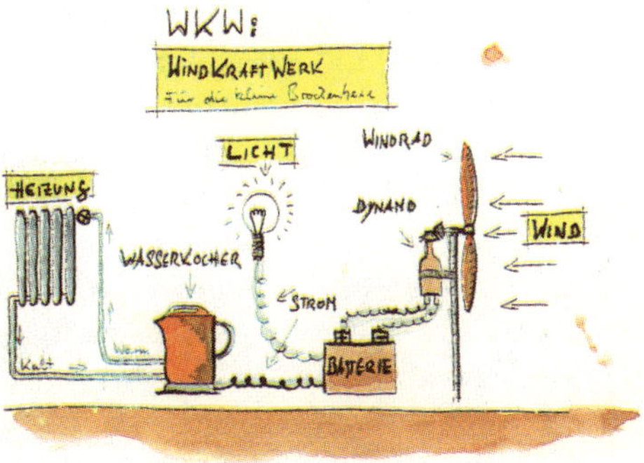

"Wenn das so einfach ist, warum machen die Menschen das nicht in ihren Häusern?" fragte die kleine Brockenhexe.

"Nun, die Menschen sind träge und faul und denken nicht gerne über die Natur nach! Und die meisten leben sowieso in Städten und sehen nur Häuser, aber nicht die kaputten Bäume!"

"Ja, das haben die Förster auch gesagt! Aber wir werden keine Schadstoffe mehr in die Luft pusten!"

"Genau! Fangen wir einfach an, vielleicht folgen andere unserem Beispiel!"

"Das wäre schön! Die Bäume werden sich freuen!"

So wurde es dann auch gemacht. Nach einer Woche hatte der Vogelhausbauer das Windrad und die kleine Heizung fertig, kam auf den Brocken und installierte alles im Hexenhaus. Und alles funktionierte sehr gut. Der Wind fing sich im Windrad und der Dynamo fabrizierte Strom. Das kleine Haus hatte Licht und die Heizung wurde schön warm.

Es dauerte gar nicht lange, bis sich diese Neuigkeit bei den Tieren im Harz herumgesprochen hatte. Jeden Tag kamen neue Interessenten zur kleinen Hexe und wollten wissen, wie das mit dem Windrad funktionierte. Und am Ende des Jahres hatte fast jeder Harzbewohner eine neue Windheizung. Und die kleine Brockenhexe war ganz stolz, daß sie als erste mit gutem Beispiel vorangegangen war.

Ende